« *Le voyage de l'âme* »

Comment explorer votre être intérieur pour découvrir votre chemin spirituel

Un guide à la découverte de soi

« *Le voyage de l'âme* »

Comment explorer votre être intérieur pour découvrir votre chemin spirituel

Un guide à la découverte de soi

Samantha Imany

Édition : BoD – Books on Demand, info@bod.fr
Impression : BoD – Books on Demand, In de Tarpen 42,
Norderstedt (Allemagne)

Impression à la demande

ISBN : 978-2-3225-3731-0
Dépôt légal : Août 2024

« Nous n'arrêtons jamais d'explorer, et le terme de toute
exploration sera le retour au point de départ »

Thomas Steams Eliot

Sommaire

Chapitre 4 : La pratique spirituelle

- Intégrer ces pratiques dans sa vie quotidienne
- Les bénéfices d'une pratique spirituelle
- Persévérer dans sa pratique spirituelle

Conclusion – Mes derniers conseils

Remerciements

Merci Imana, les divinités, mes anges, mes guides, mes ancêtres Méritants, je vous aime tant…Il n'y a pas assez de mots pour décrire la relation singulière qui nous unit. Gratitude.

Écrire ce premier essai ne fût pas chose aisée. Entre syndrome de l'imposteur et remise en question de mon chemin de vie, il a été difficile de coucher par écrit ces concepts et idées qui sont pourtant des piliers de mon quotidien. Pour ce faire, votre aide, à chacun a été précieuse. Par vos encouragements, vos commentaires, votre présence, vous avez permis la naissance de ce premier ouvrage sous forme de guide (histoire de ne pas se mettre trop difficulté, syndrome quand tu nous tiens !)

Je tiens à remercier mes parents qui ont fait de moi celle que je suis avec amour et gentillesse.

Je remercie ma famille (trop nombreuse pour être énumérée), bienveillante, j'y suis accueillie et acceptée, ce qui est une réelle source de recueillement dans les moments de doute. Vous savez me soutenir dans mes choix, merci pour cela. Certains d'entre vous ont contribué à formater ma pensée (à toi mon oncle-mentor entre autres). Merci d'exister.

Avec certains amis, la frontière entre amitié et famille est quasi imperceptible. Ce sont ces personnes qui font que vous vous sentez unique et choisi en tout temps.

D'autres amis sont spéciaux, uniques, présents, attentifs, à l'écoute, absents, puis présents, participent et vous font participer à ce temps précieux de leur incarnation sur Terre. Ils vous offrent ce cadeau, sans attente en retour. Juste parce que sans vous, ça ne serait pas pareil… sans eux non plus d'ailleurs jusqu'à créer un lien qui floute les frontières.

Il y a les autres : élèves, collègues, aidants, relecteurs, personnes de passage, synchronicités, liens karmiques…vos mots, votre confiance, vos encouragements, votre foi en mon travail, en mon rayonnement, en ce que je peux apporter à ce monde sont si porteurs. Vous ne pouvez imaginer à quel point cela a un effet guérisseur, magique même ! sur mon cœur. Merci pour vos cadeaux de vie.

Il y a Toi, des coulisses tu manages les moments de doute mais aussi de foi. Sans toi, tout cela n'existerait pas. Tu as su ne pas me donner le choix et tu me pousses à continuer même lorsque je ne sais plus…tu me complètes dans le visible et l'invisible. Il y aurait tant de choses à dire… peut-être un livre ! Merci mon Soleil, mon Âmon-Râ, mon Yang, la deuxième face de ma pièce et vice-versa.

Enfin, et pas des moindres, il y a vous, mes enfants, mes héros du quotidien, mes piliers, ma motivation mais aussi ceux qui, croient sans doute le plus en moi. Vous êtes des guides tellement fascinants et bluffants. Vous m'émerveillez à chaque instant et je vous envie de cette capacité que vous avez à vivre cette incarnation avec tant d'aisance. Vous êtes mes guides. Continuez de respirer la vie et le bien-être que je m'en inspire ! Vous êtes ma fierté et ma force. Merci de me regarder avec ces yeux de foi et d'être un si beau reflet à mon miroir de mère et de guide terrestre.

Avant-Propos

Cet ouvrage est destiné à tous ceux qui amorcent leur parcours spirituel mais aussi à ceux qui l'ont déjà amorcé mais souhaitent revenir aux bases.

Le but de ce guide pratico-pratique est d'accompagner votre réflexion et vos méditations dans le quotidien par des enseignements accessibles et pragmatiques (des blocs-notes sont prévus en fin de chapitres à cet effet, n'hésitez pas à y griffonner vos impressions, pensées et idées).

Par cet ouvrage, je vise à aider les personnes qui le souhaitent à explorer leur être intérieur et à découvrir leur chemin spirituel en utilisant différentes pratiques et en surmontant les obstacles qui peuvent se présenter. C'est un guide pour ceux qui cherchent à améliorer leur bien-être et à trouver un sens plus profond à leur vie.

Toujours dans ma démarche d'accessibilité de la spiritualité, ce guide est la continuité sinon le complément des workshops et accompagnements que je propose. En effet, coach intuitive, pratiquante en radiesthésie, énergéticienne et oracle, je propose des soins et coachings individuels et/ou collectifs dans le but de permettre à chacun d'accéder à « sa spiritualité » quelle qu'elle soit. Ce guide vous aidera en ce sens.

Présentation de l'ouvrage

À travers cet ouvrage, vous allez apprendre à vous connecter à votre âme, à explorer les différentes facettes de votre être intérieur et à identifier les blocages qui vous empêchent d'avancer sur votre chemin spirituel. Vous allez découvrir des méthodes simples et efficaces pour vous aider à surmonter ces obstacles et à trouver votre mission de vie.

L'exploration intérieure est un voyage fascinant et enrichissant qui transformera votre vie. En apprenant à vous connecter à votre être intérieur, vous allez développer une conscience plus profonde de vous-même et de votre environnement. Vous allez également découvrir une paix intérieure et une joie profonde qui vous permettront de vivre une vie plus épanouissante.

Que vous soyez plus ou moins engagé sur votre chemin spirituel ou que vous cherchiez simplement à explorer votre être intérieur, cet ouvrage est fait pour vous. "Le voyage de l'âme" est un guide pour tous ceux qui souhaitent explorer leur être intérieur et trouver leur chemin spirituel.

« Qu'est-ce que l'âme ? » « Pourquoi et comment l'explorer ? » etc… autant de questionnements auxquels je vous aide à répondre dans une démarche de meilleure connaissance de votre Moi profond.

L'importance de l'exploration intérieure

Nous sommes tous en quête d'un épanouissement dans nos vies. L'exploration intérieure est un voyage essentiel pour trouver sa voie spirituelle. Dans notre société moderne, nous sommes souvent si occupés par les tâches quotidiennes et les distractions que nous perdons de vue l'essentiel. Nous oublions que l'essence de notre être se trouve à l'intérieur de nous, et que c'est en explorant notre être intérieur que nous pouvons trouver notre chemin spirituel.

Les grands principes spirituels enseignent que le monde intérieur est comme le monde extérieur, tout étant interconnecté, ainsi, en apprenant à mieux nous connaître, nous apprenons à mieux interagir avec ceux qui nous entourent. L'exploration intérieure consiste à se tourner vers soi, à prendre le temps d'écouter son âme et à se connecter à son essence profonde. Cela peut se faire à travers différentes pratiques telles que la méditation, les intentions, le yoga, la visualisation ou tout autre pratique spirituelle qui permette de se connecter à soi.

En explorant notre être intérieur, nous (ré)apprenons à comprendre des aspects de nous-mêmes dont nous n'avions pas conscience. Nous apprenons à écouter nos émotions, à comprendre nos pensées, à reconnaître nos facilités et nos difficultés. Nous apprenons à être plus conscients de notre environnement et de notre place dans ce monde.

Cette exploration est essentielle. En écoutant notre âme, nous pouvons découvrir notre mission de vie, nos valeurs spirituelles et les actions à entreprendre pour vivre en accord avec notre essence profonde durant notre passage terrestre afin d'en tirer les enseignements utiles à notre élévation pour une vie en harmonie avec nous-mêmes et notre environnement.

Chapitre 1 : Comprendre l'âme

Ce titre vous inspire ...

« Pour comprendre l'âme, il faut plonger profondément en soi-même, explorer les recoins les plus intimes de son être et écouter le murmure silencieux de son essence »

Auteur inconnu

Qu'est-ce que l'âme ?

L'âme est une notion complexe et multifacette. Selon les traditions spirituelles, l'âme est souvent considérée comme l'essence de notre être, notre véritable identité. Elle est souvent perçue comme étant immortelle et éternelle.

L'âme est parfois décrite comme étant la source de notre conscience, de notre créativité et de notre intuition. Elle peut également être considérée comme la porte d'entrée nous permettant de connecter avec le divin.

Dans ce livre, nous découvrons la nature de l'âme et comment elle peut nous guider dans notre vie. Nous explorons également les différentes manières d'accéder à notre âme, et la nourrir.

Plus nous nous sentons alignés avec notre âme, plus nous pouvons trouver une certaine paix intérieure, une plus grande clarté mentale et un sentiment de plénitude, détachés des circonstances extérieures. Nous pouvons également accéder à des niveaux de conscience plus élevés, pour nous aider à mieux comprendre notre véritable objectif dans la vie et les actions à entreprendre pour y parvenir.

L'importance de se connecter à son âme

Se connecter à son âme est une étape essentielle dans le cheminement spirituel de chacun. De nos jours, nous sommes souvent distraits par les tâches quotidiennes, les obligations et distractions extérieures, qui peuvent nous empêcher de prendre le temps de nous reconnecter à notre être intérieur et écouter les messages de notre âme.

Cette démarche peut être extrêmement bénéfique pour notre bien-être physique, émotionnel et spirituel. Les bénéfices tels que le sentiment de paix intérieure, la clarté mentale et la sérénité ressentis en prenant ce temps, aident à faire face aux défis de la vie.

En étant en connexion avec notre âme, nous sommes mieux en mesure de comprendre notre chemin de vie et de suivre notre chemin spirituel. Nous pouvons développer une conscience plus élevée, afin de prendre des décisions plus éclairées et agir en accord avec nos valeurs profondes.

Nous sommes donc en mesure de trouver un sens plus profond à notre vie, de mieux comprendre notre place dans l'univers et de vivre une vie plus épanouissante et joyeuse.

Les différentes dimensions de l'âme et leur exploration

Notre être intérieur comporte plusieurs dimensions chacune ayant sa vibration et représentant un champ ou aspect d'exploration. Les aborder par étape nous permettra de ne pas être submergé par l'étendue de la tâche.

Les outils de soutien proposés dans ce chapitre facilitent la compréhension que vous aurez de ces schémas dans chaque dimension de votre être. Vous les choisirez en fonction que la simple idée de vous projeter vous procure bien-être ou inconfort. Ainsi, lors de l'expérimentation vous vous concentrerez sur vos sensations et émotions qui seront les guides de votre décryptage interne. Par exemple, le yoga fait du bien à beaucoup de personnes, certes, mais, si dans cette exploration de votre dimension physique, vous ne vivez que contrainte et inconfort, changez jusqu'à trouver ce qui vous correspond, parle, ou vibre pour vous. De plus, il convient de distinguer inconfort dû à l'effort et inconfort intérieur. Par cet apprentissage du discernement de vos émotions, ressentis et besoins, vous apprenez à mieux vous connaître en profondeur.

Explorons les différentes dimensions de l'être intérieur.

1. La dimension spirituelle (esprit/âme)

Cette dimension évoque notre relation avec notre propre spiritualité ou notre connexion à quelque chose de plus grand que nous. Cette exploration nous aidera à développer une plus grande compréhension de notre propre dimension spirituelle et de notre place dans l'univers. Elle est souvent considérée comme la plus profonde et la plus sacrée de notre être intérieur.

Pour explorer cette dimension, nous pouvons pratiquer la méditation pleine conscience, la gratitude, la lecture de textes spirituels ou la participation à des rituels.

2. La dimension émotionnelle (cœur)

Cette dimension concerne nos émotions et nos sentiments. Il s'agit de la façon dont nous percevons et traitons nos émotions, et comment nous communiquons avec les autres. En les explorant, nous apprenons à les gérer de manière plus efficace.

Les émotions sont un aspect important de notre être intérieur, et leur exploration peut nous aider à mieux comprendre nos sentiments, nos peurs et nos désirs profonds. Ainsi, la pratique de la méditation sur les émotions, l'écriture émotionnelle, l'art-thérapie, le travail avec un thérapeute, ou toute autre méthode qui nous permettent de ressentir et d'exprimer nos émotions peuvent aider à l'exploration de cette dimension.

3.   La dimension mentale (tête)

Cette dimension aborde notre capacité à penser et à raisonner. Elle inclut notre façon de percevoir le monde, de traiter l'information et de prendre des décisions. Son exploration nous aide à développer une plus grande clarté mentale et à mieux comprendre notre propre processus de pensée.

Notre mental est constamment actif, et il peut souvent être difficile de faire taire notre voix intérieure. Pour explorer cette dimension, nous pouvons pratiquer la méditation sur la pensée, la visualisation, la pratique du yoga, ou la thérapie cognitive-comportementale (TCC).

4.   La dimension physique (corps)

Cette dimension aborde notre corps physique et notre santé physique. Elle inclut notre alimentation, l'exercice, nos relations intimes et notre hygiène de vie. Le but est de nous aider à mieux comprendre notre propre corps et prendre soin de notre santé physique, de notre véhicule terrestre.

Notre corps est également une dimension importante de notre être intérieur, tout étant interconnecté. Pour explorer cette dimension, nous pouvons pratiquer le yoga, la danse, le Tai Chi, le sport, la méditation sur le corps, ou toute autre pratique qui nous permet de nous connecter avec notre corps et de l'écouter attentivement.

Nous pouvons commencer à comprendre nos schémas de pensée et de comportement, ainsi que les blocages qui peuvent nous empêcher de vivre pleinement notre vie.

Etant interconnectés, une meilleure connexion dans chaque dimension permettra une meilleure perception des autres.

En explorant chacune de ces dimensions de l'être, nous pouvons développer une meilleure compréhension de nous-mêmes et de notre spiritualité sous tous ses aspects. Cela peut nous aider à trouver notre chemin spirituel et à vivre une vie plus épanouissante et alignée à notre être véritable.

Les différentes approches pour explorer son être intérieur

Il existe de nombreuses façons de procéder à cette exploration, et de nous connecter à notre âme. Chacune de ces approches peut être utile, selon les besoins et les préférences de chacun. Voici plusieurs techniques que vous pouvez utiliser : la méditation, la respiration, la visualisation, les intentions, la prière, la réflexion, le mouvement.

1. La méditation est l'une des techniques les plus courantes pour explorer son être intérieur. Elle consiste à se concentrer sur sa respiration et à laisser passer les pensées, en se concentrant sur l'instant présent. La méditation peut aider à calmer l'esprit, à entrer dans un état de paix intérieure et à se connecter à son âme. Elle aide également à développer une meilleure conscience de soi, à se connecter à son intuition et à atteindre un état de conscience supérieure.

2. La respiration est une technique simple mais puissante. Les méthodes de respiration consciente permettent de calmer l'esprit et se concentrer sur le moment présent. Elles peuvent aider à libérer le stress et à améliorer la clarté mentale.

3. La visualisation est une technique qui implique de créer une image mentale claire de ce que l'on veut manifester dans sa vie. La visualisation peut aider à clarifier ses objectifs et ses aspirations, stimuler la créativité et améliorer la confiance en soi.

4. Les intentions sont des déclarations positives et affirmatives que l'on se répète pour manifester des changements dans sa vie. Les intentions sont un moyen puissant de reprogrammer l'esprit et de créer des changements positifs dans sa vie.

5. La réflexion et la pratique de l'écriture : en écrivant nos pensées, nos émotions et nos expériences, nous pouvons mieux comprendre nos sentiments et nos aspirations. La réflexion et l'écriture peuvent aider à approfondir la connexion à son âme et à sa spiritualité.

6. Le mouvement et l'expression artistique peuvent également aider à explorer son être intérieur. Le yoga, la danse, la peinture ou l'écriture de poésie mais aussi toute autre forme d'expression artistique et/ou corporelle peuvent nous aider à exprimer nos émotions et expériences profondes.

Je présente ces différentes approches, afin de vous aider à les utiliser. Je vous invite à les explorer, trouver celle(s) qui vous convien(nen)t le mieux. Adaptez-les à vos besoins et à votre mode de vie.

À savoir que, le choix de l'approche est évolutif et changeant au fil de l'expérience acquise. Revenir aux bases en cas d'égarement est un gage de sécurité intérieure dans votre démarche.

Notes

Chapitre 2 : Le voyage intérieur

Ce titre vous inspire ...

« Le voyage le plus lointain,

c'est celui à l'intérieur de soi-même »

Anaïs Nin

Se préparer au voyage intérieur

Pour explorer votre être intérieur et découvrir votre chemin spirituel, il est important de vous préparer mentalement et émotionnellement à ce voyage intérieur. Je vous donne donc quelques conseils pour vous aider à vous préparer à ce voyage.

La première étape est de trouver un espace calme et confortable pour pratiquer vos exercices. Cela peut être un coin de votre maison ou un endroit en plein air où vous vous sentez en paix. Établissez un espace de pratique en conscience : créez un espace confortable et calme pour votre pratique spirituelle afin de vous y sentir à l'aise et détendu. Choisissez chaque objet (bougies, coussins, fauteuils, images etc…) et vos conditions de pratique (assis, couché).

Ensuite, libérez-vous de toutes les distractions. Éteignez votre téléphone portable et fermez votre ordinateur pour vous concentrer pleinement sur votre voyage intérieur.

Il est également important de vous libérer de toutes les attentes et pressions. Ne vous mettez pas de pression pour avoir des réponses immédiates ou des révélations spectaculaires. Accueillez toutes les pensées et les émotions qui viennent à vous sans jugement.

Enfin, prenez le temps de vous connecter avec votre intention. Pourquoi voulez-vous entreprendre ce voyage intérieur ? Qu'espérez-vous en retirer ? Réfléchissez à ces questions avant de commencer votre pratique.

____

____

____

____

Comment identifier les blocages émotionnels, mentaux ou spirituels

Identifier les blocages émotionnels, mentaux ou spirituels peut être un aspect important de cette exploration. Les blocages peuvent prendre différentes formes, telles que des croyances limitantes, des traumatismes passés, des émotions refoulées, des peurs ou des attachements.

Pour les identifier, il est nécessaire d'apprendre à écouter et à observer attentivement ses propres corps, esprit et cœur. La méditation, la visualisation, la respiration, l'écriture intuitive ou le dialogue intérieur sont des pratiques qui peuvent aider à cette identification.

La méditation, aide à calmer l'esprit et à être plus attentif aux pensées et aux émotions qui émergent. En étant conscient de ses pensées, il est possible d'identifier les croyances limitantes ou les schémas récurrents qui peuvent bloquer l'avancée spirituelle.

La visualisation peut également être utile. En imaginant un voyage intérieur, on peut être amené à visualiser des scènes ou des images qui représentent les blocages émotionnels, mentaux ou spirituels. En prenant conscience de ces images, on peut commencer à les travailler et à les libérer.

La respiration peut également être un outil précieux. En se concentrant sur sa respiration, il est possible de se connecter à ses émotions et de ressentir les tensions qui peuvent bloquer le flux d'énergie. En respirant profondément, on peut aider à libérer ces tensions et à ouvrir les canaux énergétiques.

Enfin, l'écriture intuitive ou le dialogue intérieur peuvent également nous aider. En écrivant nos pensées ou en dialoguant avec son Moi intérieur, on peut découvrir des schémas de pensée ou des croyances qui peuvent bloquer la croissance spirituelle.

En utilisant différentes techniques et pratiques, il est possible d'observer attentivement ses propres pensées, émotions et croyances, afin de les travailler et de les libérer pour avancer sur le chemin spirituel.

Comment surmonter les obstacles lors de l'exploration intérieure

Je reconnais que l'exploration intérieure peut parfois être difficile. Il peut y avoir des obstacles qui se présentent, tels que des pensées négatives, des émotions inconfortables ou des distractions extérieures. Cependant, il est important de savoir que ces obstacles ne doivent pas vous empêcher de continuer à explorer votre être intérieur et à découvrir votre chemin spirituel.

Voici quelques conseils pour surmonter les obstacles :

1. Acceptez ce qui est : lorsque des pensées ou des émotions négatives se présentent, accueillez-les plutôt que de les rejeter. En reconnaissant ce qui est présent, vous pouvez mieux comprendre et gérer ces obstacles.

2. Soyez patient : l'exploration intérieure est un voyage continu qui peut prendre du temps. Soyez patient avec vous-même et ne vous attendez pas à des résultats immédiats.

3. La préservation de votre espace de pratique est essentielle.

4. Utilisez des outils de soutien : mantras, affirmations positives, ou objets symboliques pour vous aider à vous concentrer et à vous connecter à votre être intérieur.

5. Parlez à des amis ou à des professionnels qui peuvent vous aider à traverser les obstacles que vous rencontrez lors de votre exploration intérieure.

Ce guide vous aidera à travers chaque étape du processus et vous donnera des outils pour vous aider à surmonter les obstacles qui peuvent se présenter.

Notes

Chapitre 3 : Trouver son chemin spirituel

Ce titre vous inspire ...

« *Le voyage spirituel n'a pas besoin d'être laborieux, il doit juste être raisonnable, mais pour arriver à cette réalisation, cela peut parfois demander des efforts* »

Sadhguru

Comprendre sa mission de vie

Comprendre sa mission de vie est l'une des principales raisons pour lesquelles on se lance dans un voyage intérieur. La mission de vie est le but ultime pour lequel nous sommes ici sur Terre. C'est ce que nous sommes censés accomplir et contribuer à l'univers. Mais comment trouver cette mission de vie ? C'est une question complexe qui nécessite une exploration en profondeur de soi.

Pour trouver sa mission de vie, il est important d'explorer ses passions, ses talents et ses valeurs profondes. En examinant ces éléments, on peut commencer à voir un fil conducteur émerger qui relie tout ce que l'on aime et tout ce qui nous tient à cœur. On peut alors commencer à définir une direction claire pour notre vie.

Il est également important de se connecter à son intuition et de se concentrer sur ce qui résonne avec notre âme. Lorsque nous sommes en alignement avec notre véritable Moi, nous ressentons une sensation de paix intérieure et de joie. Nous pouvons alors être guidés vers notre mission de vie avec plus de clarté.

Enfin, il est important de se rappeler que notre mission de vie n'est pas nécessairement quelque chose de grandiose ou d'évident. Il peut s'agir de quelque chose de très simple, comme aider les autres à traverser une période difficile ou apporter de la joie dans la vie de quelqu'un.

Comprendre sa mission de vie est un processus continu et évolutif. Il est important de rester ouvert et d'être prêt à explorer de nouveaux chemins. En fin de compte, notre mission de vie peut évoluer au fil du temps, et c'est une belle aventure de découvrir où cela peut nous mener.

Identifier ses valeurs spirituelles

Pour trouver son chemin spirituel, il est important de comprendre que chaque personne a sa voie unique à suivre. Il n'y a pas de recette universelle qui convienne à tous.

Dans la quête de notre chemin spirituel, il est important d'identifier nos valeurs spirituelles. Les valeurs spirituelles sont des principes éthiques, moraux et philosophiques qui sous-tendent notre vie et nous guident dans nos choix et nos actions.

Pour identifier nos valeurs spirituelles, il est essentiel de prendre du temps pour réfléchir et de se poser les bonnes questions. Qu'est-ce qui est important pour moi dans la vie ? Qu'est-ce qui me motive ? Qu'est-ce qui me fait sentir connecté à quelque chose de plus grand que moi ?

Il peut également être utile de prendre en compte nos expériences passées et nos influences culturelles et religieuses. Quelles sont les valeurs que j'ai héritées de mes parents ou de ma communauté ? Sont-elles toujours pertinentes pour moi aujourd'hui ?

Une fois que nous avons identifié nos valeurs spirituelles, il est important de vivre en accord avec elles. Cela signifie prendre des décisions en fonction de nos valeurs, même si cela peut être difficile ou impopulaire. Vivre en accord avec nos valeurs peut nous aider à trouver un sens plus profond dans notre vie et à avancer sur notre chemin spirituel.

Trouver son chemin spirituel

Il existe certaines pratiques qui peuvent aider à se connecter à son essence profonde et à trouver la direction à suivre.

Tout d'abord, il est important de prendre le temps de réfléchir sur soi, de se poser des questions sur ce qui est important pour soi et sur ce qui donne un sens à sa vie. Cette réflexion peut se faire en se connectant à son être intérieur, en écoutant ses émotions et ses intuitions, et en observant les schémas de sa vie.

Ensuite, il est important d'explorer les différentes possibilités qui s'offrent à nous. Cela peut se faire en essayant de nouvelles pratiques spirituelles, en lisant des livres inspirants, en suivant des cours ou des ateliers, en rencontrant des personnes qui partagent des valeurs similaires et/ou en se faisant accompagner.

Une fois que nous avons exploré différentes options, il est important de prendre des décisions en écoutant notre cœur et notre intuition. Nous pouvons également nous tourner vers notre guidance intérieure, à travers la méditation, ou toute autre pratique spirituelle qui nous convienne.

Enfin, il est important de mettre en pratique ce que nous avons appris et de rester fidèle à nous-mêmes. Il est important de ne pas se comparer aux autres et de ne pas chercher à suivre leur chemin. Nous devons suivre notre propre voie et continuer à explorer et à grandir tout au long de notre vie.

En résumé, trouver son chemin spirituel nécessite une exploration intérieure profonde, une ouverture d'esprit pour explorer de nouvelles pratiques, une écoute attentive de notre guidance intérieure et une prise de responsabilité par le respect des valeurs qui sont les nôtres.

Notes

Chapitre 4 : La pratique spirituelle

Ce titre vous inspire ...

« La persévérance est toute la magie du succès spirituel »

Paramahansa Yogananda

Les différentes pratiques spirituelles ont été vues dans le premier chapitre, ici, nous explorons ce que cette pratique représente de travail et d'impact sur notre quotidien.

Intégrer ces pratiques dans sa vie quotidienne

Intégrer des pratiques spirituelles dans sa vie quotidienne peut être un véritable défi. Cependant, c'est l'une des étapes les plus importantes pour maintenir une connexion constante à son être spirituel.

Il est important d'y aller progressivement. Vous pouvez commencer par planifier une pratique quotidienne de cinq minutes, puis progressivement augmenter le temps que vous y consacrez. Lorsque vous planifiez votre pratique spirituelle, veillez à choisir un moment de la journée où vous ne serez pas dérangé et où vous pourrez vous concentrer.

Il est également important de créer un environnement propice à l'introspection, un espace calme et paisible.

Il existe de nombreuses façons de se connecter à son être intérieur, comme la marche en pleine conscience, le journaling (ce guide, par la présence des différents bloc-notes en fin de chapitres en est l'amorce, mais tenir un carnet spirituel, agenda, journal… est un véritable outil de la pratique quotidienne), le yoga, le chant ou la danse. Trouvez ce qui fonctionne le mieux pour vous et intégrez-le dans votre vie quotidienne.

Où en êtes-vous ?

____

____

____

____

Les bénéfices d'une pratique spirituelle

Comme dit précédemment, la pratique spirituelle est un moyen efficace de se connecter à son être intérieur, de trouver sa voie spirituelle et de vivre une vie plus épanouissante. Elle peut prendre différentes formes, telles que la méditation, la prière, le yoga, la visualisation ou toute autre pratique qui nous aide à nous connecter à notre essence profonde.

L'un des principaux bénéfices d'une pratique spirituelle est qu'elle nous permet de réduire le stress et l'anxiété, ce qui a des effets positifs sur notre santé physique et mentale. En effet, la pratique spirituelle nous permet de calmer notre mental, de réduire nos pensées négatives et de nous concentrer sur l'instant présent. Elle nous aide également à développer une conscience plus profonde de nous-mêmes et de notre environnement, ce qui peut nous aider à prendre des décisions plus éclairées dans notre vie quotidienne dans une démarche d'alignement à notre être profond.

En pratiquant régulièrement une activité spirituelle, nous développons également une plus grande sensibilité à nos émotions et à celles des autres. Nous devenons également plus conscients de notre propre énergie, ce qui nous permet de mieux réguler nos émotions et comprendre nos sentiments ainsi que de gérer nos interactions avec les autres.

En nous connectant à notre âme, nous pouvons découvrir notre mission de vie, nos valeurs spirituelles et les actions à entreprendre pour vivre en accord avec notre essence profonde. Nous pouvons également apprendre à cultiver des états d'esprit positifs tels que la gratitude, l'amour et la compassion.

Pouvez-vous voir des bénéfices ?

____

____

____

____

Persévérer dans sa pratique spirituelle

La pratique spirituelle est un engagement à long terme envers soi-même. Cela nécessite de la persévérance et de la discipline pour cultiver une connexion durable avec son être intérieur. Dans cette partie, nous allons explorer 5 stratégies pour maintenir une pratique spirituelle régulière.

La première étape consiste à établir une routine. Prenez l'habitude de pratiquer la méditation, la prière, la respiration, le yoga ou toute autre technique spirituelle à un moment précis chaque jour. Cela peut être le matin, le soir ou à tout moment qui convienne à votre emploi du temps et à votre mode de vie. Une fois que vous avez établi une routine, il est plus facile de rester engagé et de continuer à pratiquer.

La deuxième étape consiste à se fixer des objectifs réalistes. Commencez par des objectifs simples et atteignables, comme méditer pendant cinq minutes chaque jour. À mesure que vous devenez plus à l'aise avec la pratique, augmentez la durée ou la fréquence de votre pratique. Évitez de vous fixer des objectifs irréalistes ou trop ambitieux, car cela peut vous décourager et compromettre votre engagement.

La troisième étape consiste à rester motivé. Trouvez des moyens de vous inspirer à continuer de pratiquer. Cela peut être en lisant des livres inspirants, en écoutant des podcasts ou en regardant des vidéos sur le développement spirituel. Vous pouvez également rejoindre une communauté spirituelle pour partager vos expériences et trouver du soutien. Les carnets et agendas spirituels peuvent aussi être des soutiens efficaces.

La quatrième étape consiste à être patient avec vous-même. Le développement spirituel est un processus qui prend du temps. Ne vous découragez pas si vous ne ressentez pas les résultats immédiatement. Soyez patient et continuez à pratiquer régulièrement. Dans les phases difficiles, si besoin, revenez aux étapes précédentes plutôt que de cesser de pratiquer.

Enfin, la cinquième étape consiste à intégrer votre pratique spirituelle dans votre vie quotidienne. Trouvez des moyens de vous rappeler de pratiquer, comme des notes ou des rappels sur votre téléphone. Trouvez également des moyens d'intégrer votre pratique spirituelle dans votre vie quotidienne, comme

la méditation pendant une pause déjeuner ou la prière avant de
vous coucher.

Amorçons avec de nouvelles routines :

Désormais je pratiquerai :

Activité(s)

____

____

Fréquence

____

____

Durée

____

____

Quels sont mes inspirations motivantes ?

____

____

____

Notes

Mes derniers conseils

Rappelez-vous que le voyage intérieur est un processus continu qui demande de la patience, de la persévérance et de la bienveillance envers soi-même. Il n'y a pas de chemin universel pour trouver sa mission de vie ou ses valeurs spirituelles, chaque personne doit trouver son propre chemin en écoutant son cœur et en suivant son intuition.

Vous devez comprendre que l'exploration intérieure peut être un processus parfois difficile, qui peut mettre en lumière des blocages émotionnels, mentaux ou spirituels. Il est important de ne pas se décourager et d'être à l'écoute de ses besoins. N'hésitez pas à demander de l'aide ou à vous entourer de personnes bienveillantes pour vous accompagner dans ce processus. Mais aussi à faire face à vos difficultés car il n'y a ni recettes, ni réponses toutes faites. Vous êtes seuls acteurs de vos destinées.

Enfin, je tiens à vous encourager à poursuivre ce voyage intérieur, car je suis convaincu que cela peut avoir un impact profond et significatif sur vos vies. En trouvant votre chemin spirituel, vous pouvez trouver un sens plus profond à votre existence, un sentiment de paix intérieure et de plénitude, ainsi qu'une connexion plus forte avec les autres et avec le monde qui vous entoure.

Ce guide n'est qu'une amorce, tout reste à accomplir !

Je vous souhaite une belle route pleine d'enseignements enrichissants favorisant la conscience de votre vous profond.